AF475407

VIE

DE

M. LE BARON

DE RATAPOIL,

SÉNATEUR,

Ancien officier de la Grande Armée, grand'croix de la
Légion d'Honneur, chevalier de l'Eperon d'Or,
de l'Ordre du Bain, etc. ; fondateur
de la Société du Dix Décembre, membre de l'Institut
(section des sciences morales et politiques),
de la Société de St-Vincent de Paul,
chanoine honoraire de St-Jean de Latran, etc.,

PAR

NICOLAS BRUNEAUX,

AUDITEUR DE 1re CLASSE AU CONSEIL D'ÉTAT.

Édition autorisée pour les Ecoles militaires, les Lycées Impériaux et les Établissements religieux.

A. M. D. G.

LONDRES ET GENÈVE,

CHEZ LES PRINCIPAUX LIBRAIRES.

VIE

DE

M. LE BARON DE RATAPOIL.

VIE

DE

M. LE BARON

DE RATAPOIL,

SÉNATEUR,

Ancien officier de la Grande Armée, grand'croix de la Légion d'Honneur, chevalier de l'Éperon d'Or, de l'Ordre du Bain, etc.; fondateur de la Société du Dix Décembre, membre de l'Institut (section des sciences morales et politiques), de la Société de St-Vincent de Paul, chanoine honoraire de St-Jean de Latran, etc.,

PAR

NICOLAS BRUNEAUX,

AUDITEUR DE 1re CLASSE AU CONSEIL D'ÉTAT.

Édition illustrée pour les Écoles militaires, les Lycées Impériaux et les Établissements religieux.

A. M. D. G.

LONDRES ET GENÈVE,

CHEZ LES PRINCIPAUX LIBRAIRES.

VIE

DE

M. LE BARON DE RATAPOIL.

I.

Jean, baron de Ratapoil, naquit à Brienne, en Champagne, le 20 juin 1792; son père était laboureur, sa mère gardait les vaches. Il eut de bonne heure l'instinct de la guerre. Rarement il rentrait au logis sans avoir battu quelque camarade ou pillé quelque verger. Il fuyait l'école, montrant dès-lors ce dégoût de l'idéologie commun à tous les grands esprits. Pourtant il apprit à peu près à lire et à écrire quelque peu ; mais sa nature indépendante ne sut jamais se soumettre à la tyrannie de l'orthographe. A seize ans, il soulevait, à bras tendu, un fusil par la baïonnette et terrassait un homme avec une merveilleuse facilité. On essaya d'appliquer à la culture de la terre ces rares aptitudes, mais vainement : le travail des champs répugnait à cette âme d'élite qui se sentait appelée à un plus noble emploi. Cependant, obligé de travailler doublement pour nourrir cet enfant plein d'avenir, mais qui mangeait beaucoup, Ratapoil, père, attrapa une pleurésie dont il mourut.

Le Grand Napoléon emplissait alors l'univers de sa gloire. La France était au comble du bonheur, l'Europe humiliée. Nous avions tué un million d'hommes à l'ennemi qui ne nous en avait tué que neuf cent quatre-vingt mille ; nous étions très-fiers et nous chantions des *Te Deum*.

Éveillé par l'éclat de ces grandes choses, Jean Ratapoil comprit alors qu'il était né pour la gloire et, comme la mort de son père l'avait libéré du service, il résolut de se vendre. Un bourgeois idéologue lui compta dix mille francs pour aller cueillir des lauriers à sa place. Après avoir laissé, dans tous les cabarets du village, des marques de sa munificence, Jean s'en fut sous la conduite d'un sergent, fort galant homme, qui voulut bien accepter, durant la route, les dîners que sa nouvelle recrue se fit un devoir de lui offrir.

Après quinze jours de marche, Ratapoil rejoignit à Strasbourg le 35e régiment de ligne auquel il avait l'honneur d'appartenir ; il était plein d'espoir. Mais lorsqu'il eut vu les hommes formidables avec lesquels il allait vivre, campés carrément sur les hanches, le haut du corps en avant, le regard à quinze pas devant eux, marcher droits, fiers, superbes, la moustache hérissée et le sabre au côté, il eut la conscience de sa petitesse et de la distance qui le séparait de ces parfaits modèles. Il s'appliqua, dès le lendemain, à la combler, avec tant de zèle et de succès qu'après six mois d'études, il sut, comme ses camarades, marcher au pas, faire la charge en douze temps et répandre sur tous ses mouvements cette grâce noble qui fait distinguer entre tous, l'homme appelé par la nature et par la conscription, à la gloire de tuer ses semblables. En même temps son langage et ses manières s'étaient épurés et colorés Il entrait aisément dans les cabarets, le bonnet de police sur l'oreille, frappait vivement sur les tables avec un verre vide et rossait le *péquin* avec un incomparable laisser-aller. Ces vertus guerrières étaient accompagnées d'une figure ronde et fraîche, d'un appétit sans rival et des épaules les plus larges du régiment.

Les femmes ont des yeux pour voir et, quand, sous l'uniforme, elles découvrent un mérite aussi considérable que celui de notre héros, il est peu de sacrifices qu'elles ne soient disposées à faire pour se l'approprier. Jean eut donc des succès dans le monde; il en eut beaucoup. Il en résulta pour lui quelques mois de régime, complément obligé d'une bonne éducation militaire et des inquiétudes nerveuses dont il donna bientôt la preuve.

On sait que, pour nourrir l'esprit militaire, il est d'usage d'entretenir, entre les divers corps d'une même garnison, une sorte de rivalité chevaleresque qui se traduit naturellement en coups de sabre. Or, Ratapoil étant un jour au cabaret fut coudoyé par un hussard qui se trouvait là. Justement irrité de ce manque d'égards, Jean courut à l'insolent et le souffleta. Celui-ci ayant répliqué de la même manière, il s'en suivit un échange rapide de coups de pieds, de coups de poings et d'injures. Après quoi, s'étant cassés sur les épaules toutes les chaises de la maison, ils se prirent au corps et roulèrent à terre jusqu'à complet épuisement. Leurs camarades s'empressèrent alors d'intervenir et de leur démontrer, qu'entre gens de guerre, une affaire ainsi commencée ne pouvait se terminer que par un duel. Il se rendirent à l'évidence de cette raison et furent sur le terrain, ou Ratapoil administra un fort beau coup d'épée à son adversaire.

Cette affaire lui fit le plus grand honneur et le mit sur un pied de considération qui eut satisfait une ambition ordinaire. La sienne était plus élevée. Il se sentait né pour le commandememt; il ne pouvait s'empêcher d'envier et d'admirer l'existence des officiers. Tous les jours, en effet, à neuf heures du matin, ces hommes heureux se réunissaient pour prendre un premier verre d'absynthe ; à dix heures, ils déjeûnaient; à midi, ils allaient au café et, là, après une étude comparative et approfondie de toutes les boissons connues, ils se reposaient du jeu de billard par le jeu de dominos, et de celui-ci par le jeu de piquet ou d'écarté ; ils se retiraient à quatre heures ayant repris un verre d'absynthe On les voyait alors sur les places et dans les rues, aller et venir, et comme des hommes qui n'ont rien à cacher et dont toutes les paroles sont bonnes à entendre, s'entretenir à haute voix, tantôt de la supériorité de la profession militaire, tantôt de la grandeur d'une nation assez heureuse pour occuper cinq ou six cent mille hommes à se promener avec les sabres au c.; ou bien encore discuter *ex professo* des problèmes comme ceux-ci : « Le soulier guêtré est-il plus commode pour la marche que les bottes? » — « Au sortir du lit, le petit verre de rhum apporte-t-il plus de consolation à l'estomac qu'un petit verre d'eau-de-vie? » — « Un militaire peut-il porter perruque? » — « S'expose-t-il au ridicule en mettant un corset? » — « Doit-il sangler un ventre trop prépondérant ou l'abandonner aux lois naturelles de la pesanteur? » — « L'uniforme de hussard fait-il plus de conquêtes que celui de grenadier? — « Les blondes sont-elles plus amoureuses que les brunes? » — Doit-on assiéger une femme dans les formes ou commencer d'abord par la violer? » etc. Enfin, à cinq heures, heure militaire, les divers groupes se retrouvaient à la table commune d'où, après avoir dîné de fort bon appétit, ils retournaient au café. Après quoi, les uns achevaient leur soirée chez les filles, les autres au théâtre, pendant que les savants d'entr'eux méditaient, au coin du feu, la théorie de l'école de peloton ou les œuvres philosophiques de Pigault Lebrun.

C'est ainsi que ces nobles guerriers dépensaient les trois cent soixante-cinq jours de l'année de garnison.

On comprend que les attraits d'une pareille existence devaient flatter les instincts élevés de Ratapoil. Être officier, lui paraissait avec raison le comble de la félicité humaine. Il n'ambitionnait plus qu'une occasion de prouver qu'il méritait cet honneur. Ses vœux furent exaucés.

II.

Après avoir battu les Autrichiens, à Eckmüll, à Ratisbonne, à Essling, et s'être emparé de Vienne, l'Empereur se préparait à franchir le Danube et à livrer à l'ennemi une dernière et décisive bataille.

Le 35e reçut l'ordre de rejoindre la Grande Armée.

Ivre de joie et d'espérance, Jean partit au son du tambour et de la clarinette. Il descendit la vallée du Danube, admiré des femmes et des enfants qui se tenaient sur les portes de leurs maisons pour le voir passer, partout accueilli, partout fêté. La guerre lui semblait le plus beau métier du monde. Mais bientôt les campagnes dévastées, les arbres mutilés ou déracinés, les villages pillés, les instruments de culture dispersés ou brisés, en un mot tous les effets glorieux du passage d'une armée civilisée en pays conquis, lui donnèrent une idée plus exacte des grandes choses auxquelles il allait prendre part. A la vue du détachement, quelque paysans déguenillés s'échappaient de leurs masures à moitié brûlées et se sauvaient dans les bois. Nos soldats s'amusaient de leur terreur et les poursuivaient en riant à coups de fusils. Ratapoil était des plus alertes à cette petite guerre qui le préparait à la grande et, dans une de ces poursuites, il ajusta, si heureusement, une femme qui fuyait avec son enfant sur son dos, qu'à plus de cent-cinquante pas, il les abattit tous les deux d'une seule et même balle. Aujourd'hui que les armes ont été perfectionnées et qu'on a vu nos tirailleurs en Afrique et sur les boulevards tuer des enfants à la distance de plus de cinq cents mètres, ce fait semblera tout ordinaire : mais pour le temps et de la part d'un conscrit qui voyait le feu pour la première fois, il était remarquable et il fut remarqué.

Après divers exploits de ce genre, le 35e se réunit à l'armée, la veille de la bataille. Dès l'aube, cent cinquante mille hommes traversèrent le Danube et se déployèrent en face des Autrichiens. Une plaine accidentée séparait les deux armées. Neuf cents pièces d'artillerie commencèrent à tonner. Les villages, les moissons, les arbres s'allumèrent comme des torches, et, le feu de la mousqueterie se joignant à celui de l'artillerie, les hommes et les chevaux tombèrent plus drus que la grêle. En ce moment, Ratapoil éprouva des frémissements d'entrailles si aigus, qu'il fut contraint d'abandonner les rangs, culotte en main. Il se croyait déshonoré ; mais en voyant à ses côtés bon nombre de ses camarades, généraux ou soldats, occupés, comme lui, à soulager leur nature, il comprit que c'était chose admise entre héros et qui ne tirait point à conséquence. Une distribution d'eau-de-vie mêlée de poudre acheva de rétablir l'équilibre entre le physique et le moral de Ratapoil. Il ne tarda pas à devenir furieux et à déchirer sa cartouche avec cet appétit que peut seul inspirer l'amour de la gloire. Pendant douze heures il déchargea, sans relâche, son fusil sur la fumée qui flottait devant lui. Vers le soir, le feu diminuant, on aperçut à travers les éclaircies, des masses d'hommes qui semblaient se retirer. Un cri de victoire courut sur toute la ligne. Jean mit son shako au bout de sa baïonnette et cria comme les autres. Autour de lui et au loin la terre était couverte de morts et de blessés. Des cris d'angoisses et d'appel s'élevaient de tous les côtés. Les chirurgiens accoururent et commencèrent à tailler bras et jambes. Jean, pâle comme la mort, frémissait de tous ses membres pendant que ses camarades accoutumés à ces détails, retournaient tranquillement les poches des morts. Il s'empressa de les imiter, et l'intérêt qu'il prit à cette besogne le délivra bientôt d'une sensibilité déplacée. En ce moment, l'Empereur à cheval, entouré de son état-major, vint à passer. Il dirigea sa lorgnette vers les monceaux de cadavres qui rougissaient la plaine, et prenant une prise de tabac : « Voilà, dit-il, une grande consommation (1). » Les soldats poussèrent des acclamations frénétiques, auxquelles Jean essaya vainement de s'associer: L'admiration lui avait ôté la voix.

Le lendemain il apprit par le bulletin qu'il avait, avec ses camarades, remporté la victoire de Wagram, tué ou blessé trente mille hommes à l'ennemi et qu'il s'était couvert de gloire. A quelques jours de là, la paix ayant été conclue, il partit pour l'Espagne où son régiment était appelé à conquérir de nouveaux lauriers.

III.

L'Empereur avait envoyé deux cent mille hommes et son frère Joseph pour affranchir et régénérer la malheureuse Espagne. Mais ses intentions furent méconnues. Les Espagnols, égarés, virent des ennemis dans leurs libérateurs et leur firent une guerre aussi contraire à la morale qu'au droit des gens.

Tout le monde sait, en effet, que lorsqu'un pays est assailli par une armée régulière et en uniforme, c'est par une armée règulière et en uniforme qu'il doit être défendu. Si cette dernière succombe, le pays succombe avec elle ; mais honorablement, conformément aux règles et, avec la conscience d'avoir fait pour sa défense tout ce qu'il pouvait faire. En 1814, la France, envahie par les armées alliées, préféra être conquise plutôt que de manquer à ces principes, et par là, montra qu'elle était digne de tenir le premier rang parmi les nations civilisées.

Les Espagnols se mirent au-dessus de ces règles. Ils se levèrent d'eux-mêmes et se battirent sans uniforme, sans état-major, sans musique, en un mot, sans rien de ce qui constitue la civilisation d'une guerre. Lutte grossière, où les principes les plus élémentaires de l'Art furent complétement sacrifiés, où, tous les agents de destruction, fer, feu, cailloux, poison, furent employés sans choix et sans génie, uniquement pour tuer! Les Français ne voulurent point demeurer en reste avec ces barbares; ils pillèrent, brûlèrent, saccagèrent, fusillèrent, pendirent, violèrent et firent enfin tout ce que les premiers soldats du monde peuvent faire en pareille occurrence. Ils s'attachèrent surtout à soulager les palais, les églises et les couvents des richesses dont ils étaient pleins. L'armée fut bientôt cousue d'or, mais elle manqua souvent de pain.

Ce fut à cette forte école que Ratapoil continua son éducation militaire. Il se distingua à nombre d'affaires et notamment au siége de Tarragonne, le plus beau de cette guerre. La ville prise, on n'épargna personne, ni l'âge, ni le sexe. Cinq mille femmes furent égorgées après avoir été violées, selon les règles de la guerre. Jean eut la gloire de mettre le feu dans un couvent, où près de trois cents moines furent complètement grillés. Il tua, pilla, viola si bien d'ailleurs, que sur le rapport de son capitaine dont il cirait les bottes, on le nomma caporal.

Cet avancement flatteur l'eût poussé aux

plus grandes choses, si, dans une embuscade, il n'eût reçu, au bas des reins, une balle qui le cloua, deux mois durant, à l'hôpital. Il n'en sortit que pour rejoindre son régiment rappelé à la Grande Armée, prête alors à pénétrer en Russie.

IV.

Bien que la guerre soit la plus belle application du Génie humain, Napoléon, quoiqu'on ait écrit le contraire, la fit toujours malgré lui. Au début de son règne, il avait dit : « l'*Empire, c'est la paix ;* » et toute sa politique tendit constamment à réaliser cette promesse. Mais, comme il n'ignorait pas qu'on ne peut fonder une paix solide que sur l'anéantissement des puissances rivales, il s'était, pendant dix ans, attaché à écraser les Autrichiens, les Prussiens, les Italiens, les Hollandais, les Espagnols qui, las enfin et ne pouvant résister davantage, avaient consenti à devenir ses sujets ou ses alliés. Seule, sur le Continent, la Russie persistait à rester forte et indépendante; c'est pourquoi l'Empereur se vit dans la nécessité de la mettre à la raison. Sept cent mille hommes, quatre-vingt mille chevaux et douze cents pièces de canons furent rassemblés, sous ses ordres, pour exécuter cette œuvre de paix.

Ils franchirent le Niémen et s'avancèrent, sur une ligne de plus de cinquante lieues, dévorant et détruisant ce que l'ennemi, qui fuyait devant eux, avait épargné. Ils marchaient, selon leur usage, sans vivres et sans magasins, l'Empereur ayant décrété *que la guerre devait nourrir la guerre*. Mais le pays infertile et dévasté n'offrait aucune ressource. On essaya d'y remédier en bâtonnant beaucoup le paysan, mais sans résultat. Aussi, nombre d'hommes épuisés de fatigue, de fièvre et de faim demeurèrent en arrière et moururent.

Ratapoil était alors un soldat accompli. La guerre d'Espagne avait accru ses moyens naturels. Il eût tué père et mère, femme et enfant sans sourciller ! Il avait au suprême degré l'art de se faire vivre et, pour sonder le cœur et la cave du paysan une éloquence de geste et une fécondité d'inventions qui lui servirent beaucoup dans cette campagne.

Un soir qu'il rôdait à son ordinaire, flairant fortune, il aperçut, au coin d'un bois, un troupeau de quatre vaches qu'il se mit en devoir de conquérir. Le paysan qui les gardait fit mine de vouloir s'opposer à cet effet légitime du droit de la guerre. Jean n'hésita pas à lui passer son sabre à travers le ventre et, menant devant lui son butin, revint au camp où il fut porté en triomphe. Ce beau fait d'armes eut les honneurs du rapport et fut enregistré dans le quinzième bulletin de la Grande Armée, sous le titre de « Combat de Krakeleff » dans les termes suivants :

« Le 29 juin, le colonel Biquaubœuf, du
» 35me de ligne, eut avis du passage, près
» de la forêt de Krakeleff, d'un convoi de
» bœufs escorté par un gros détachement.
» Il prit aussitôt les deux bataillons qu'il
» avait sous la main et, malgré l'infério-
» rité de ses forces, aborda résolument
» l'ennemi. Après une défense acharnée,
» les Russes, cédant à l'entraînement su-
» périeur de nos troupes, prirent la fuite,
» abandonnant quatre mille bœufs et lais-
» sant sur le terrain plus de mille hommes
» tués ou blessés. L'absence de cavalerie
» n'a pas permis de faire des prisonniers.
» Sa Majesté Impériale et Royale vou-

» lant donner au brave 35e de ligne, dans
» la personne de son chef, un témoignage
» éclatant de sa satisfaction, a promu le
» colonel Biquaubœuf au grade de général
» de brigade. »

On a peut-être remarqué dans ce bulletin quelques erreurs de détails. Ces sortes de malentendus sont fréquents à la guerre et s'expliquent naturellement par la rapidité, l'abondance et la confusion des événements. Ici même, sauf quelques chiffres sans importance, il est facile de reconnaître la parfaite exactitude du fond du récit.

Cependant, après deux mois de poursuites inutiles, nos soldats atteignirent l'ennemi sur les bords de la Moskowa. Quatre-vingt mille hommes tués ou blessés furent les suites de cette rencontre. Ce magnifique résultat releva le moral de l'armée et lui ouvrit les portes de Moscou. Après avoir pillé cette grande ville, elle s'apprêtait à y prendre ses quartiers d'hiver; mais le sort en décida autrement. Les Russes, qui n'avaient point eu le courage de défendre leur capitale, eurent la barbarie de la brûler. Cet événement glissa sur l'âme inflexible de l'Empereur. Il s'occupait alors de donner un règlement au Théâtre Français, dont les intérêts lui étaient chers. Cela fait, il résolut de ramener ses troupes en Pologne et d'y attendre le printemps pour achever la destruction des Russes ; et, comme les malades et les blessés embarrassaient sa marche, il eut la sagesse de les abandonner sans vivres, sans médicaments et sans médecins, laissant politiquement cette charge à l'ennemi [2].

Le 29 septembre, l'armée revit le champ de bataille de la Moskowa; quarante mille cadavres achevaient d'y pourrir. « Des files de carcasses alignées » semblaient vouloir offrir jusque dans la mort l'exemple de la discipline militaire. Beau spectacle, qui remua profondément l'armée ! Elle battit des mains [3], oubliant sa misère présente dans la contemplation de son œuvre ! Et pourtant, cette misère dépassait toute mesure. Le pays qu'on traversait était dévasté. On n'y trouvait ni pain, ni viande, ni eau-de-vie.

L'hiver vint, hiver terrible ! Le thermomètre descendit à dix-huit degrés au-dessus de zéro. La terre disparut sous des nappes de neige et avec elle tout espoir.

Des régiments s'endormirent le soir dont pas un homme ne devait revoir le jour. Trente mille chevaux périrent dans une seule nuit. Il fallut abandonner cinq cents pièces d'artillerie. L'armée se fondit en un chaos hideux. Les soldats jetaient leurs armes, marchaient au hasard, pêle-mêle, sans pensée et sans raisonnement. Tout sentiment de règle et d'obéissance était éteint ; l'homme avait disparu dans la bête. Cependant, des nuées de Cosaques s'abattaient nuit et jour sur ces misérables débris qui ne se donnaient pas même le souci de les éviter ou de les combattre.

L'empereur comprit alors qu'il ne pouvait accompagner plus longtemps cette tourbe démoralisée sans compromettre sa gloire et sa dignité : « Je ne puis, dit-il, rester à la tête d'une déroute » [4].

Il partit donc précédé d'un bulletin qui annonçait à la France la mort de six cent mille Français. Ce bulletin se terminait par cette phrase destinée à consoler le pays : « La santé de Sa Majesté n'a jamais été meilleure » [5].

Il eut un grand succès littéraire : « C'est, disent les journaux du temps, une pièce historique du premier rang ; Xénophon et César ont ainsi écrit, l'un la Retraite des dix mille, l'autre ses Commentaires » [6]. L'arrivée de l'Empereur calma la douleur publique et fut le signal des fêtes les plus brillantes. Sur l'injonction du préfet de police, tout Paris se mit à danser avec un empressement qui témoignait du plaisir qu'il avait à obéir [7]. Enfin le Sénat courut mettre au pied du trône ses félicitations et vota quatre cent trente mille hommes que la France se fit un bonheur d'accorder.

Cependant, Ratapoil avait admirablement supporté les rigueurs de la retraite. Libéré du service par la mort de son régiment, enveloppé d'un bon manteau de fourrures, débarrassé de son fusil qui le gênait, uniquement voué à la conservation de sa personne, il était arrivé à Vilna, avec trente mille compagnons, restes de la Grande Armée, couvert de poux mais bien portant. Il était difficile, cette fois, qu'on méconnût ses services ; aussi s'empressât-on de l'incorporer dans la Vieille-Garde avec le grade de sergent ; double avancement qui le mettait sur le chemin d'une grande fortune militaire.

Mais, hélas ! le temps de nos grandeurs était éclipsé. Les rois et les peuples passèrent du côté de la fortune et trahirent à l'envi leur bienfaiteur. La France fut envahie. Dans cette lutte suprême, Ratapoil fut vraiment grand. Il pilla, détruisit, brûla, saccagea, ravagea, massacra et consomma avec une rage héroïque. Il ne voulait rien laisser à l'ennemi. Si tout le monde eût fait comme lui, la France fût devenue un désert où les Alliés eussent trouvé la famine et la mort. Mais le paysan n'aidait point à sa délivrance. Il se fâchait qu'on brûlât ses maisons et qu'on vidât ses greniers; il s'inquiétait de ses vaches et de ses moissons. Les généraux eux-mêmes parlaient de repos et d'humanité : langage de traîtres ! Enfin la flamme des grands jours était éteinte.

Paris fut livré et, la résistance devenant impossible, l'Empereur, toujours prêt à se sacrifier pour le bonheur de son peuple, abdiqua et s'enfuit à l'Ile d'Elbe.

V.

Dès les premiers jours de la Restauration, les Bourbons se montrèrent ingrats envers l'armée. Leur avénement ne fut marqué par aucune de ces distributions de vin et d'argent qui flattent le soldat, parce qu'elles sont le témoignage de la considération qu'on a pour lui. On vit renaître le régime d'avocasserie et d'écrivasserie dont Napoléon avait si justement débarrassé la France. Pour mieux humilier l'armée, on la réduisit à deux cent mille hommes. Quarante mille braves officiers qui avaient tué beaucoup de monde, se virent désormais sans ouvrage et condamnés à la demi-solde. Cela ne pouvait pas durer.

L'Empereur lui-même sentit qu'il devait encore se dévouer au bonheur de son pays et de ses compagnons. Il revint. L'armée entière se précipita au-devant de lui. Mais la France, corrompue par une année de paix et d'idéologie, ne suivit pas le mouvement et resta froide. L'Europe reprit les armes. Le monde connaît le dénouement de cette lutte inégale où quatre vingt mille hommes furent tués en trois jours. Ce fut le bouquet de quinze années de triomphes.

Jean nommé sous-lieutenant aux Cent Jours ne jouit qu'un moment de sa gloire. Licencié avec l'armée de la Loire, dépouillé de son grade, il revint à son village aussi pauvre qu'il en était sorti. Ses concitoyens occupés à reconstruire pour la seconde fois leurs maisons brûlées par les Cosaques en 1814 et en 1815, n'accoururent point au-devant de lui. Ratapoil fut sensible à cette marque d'ingratitude et se promit de quitter un pays où le dévouement était si peu honoré. Aussi, après avoir soulagé sa mère d'un petit pécule dont la pauvre femme, vu la simplicité de ses goûts, n'avait que faire, il se dirigea vers Paris qui est l'endroit du monde où les gens de son mérite trouvent le mieux à se placer. C'est là, qu'après de rudes épreuves, la Providence lui préparait une fortune digne de lui.

VI.

Il exerça d'abord avec succès le métier de *vieux de la vieille* que plus tard la concurrence le contraignit d'abandonner. Il fit alors le commerce des bijoux *contrôlés à la Monnaie*, des capotes d'Outre-Manche, des contre-marques et fut en même temps gérant du journal bonapartiste l'*Abeille*. Enfin, obéissant à un instinct chevaleresque, particulier aux vieux soldats, il joignit à ses diverses industries celle de protecteur de *ces Demoiselles.* Il eût fait de brillantes affaires si le gouvernement qui lui en voulait, ne lui eut créé des embarras, il eut des malheurs judiciaires et connut Poissy. Les cachots le trouvèrent inébranlables ; il y fit des chaussons.

En 1830, le gouvernement de Juillet lui offrit une place de sergent-de-ville qu'il refusa ; son âme était ailleurs. Vinrent les journées de Boulogne et de Strasbourg auxquelles il ne put assister, enchaîné qu'il était par les devoirs de sa profession. Il vendait alors des journaux dans les rues. Il fut contraint de crier les dépêches qui annonçaient au public les désastres du Neveu de l'Empereur. Son cœur en saigna ; mais il fallait manger.

En février 1848, il offrit ses services au gouvernement provisoire qui ne les accepta point. Comprenant alors que la France était perdue si les honnêtes gens ne s'entendaient pour la sauver, Ratapoil ne craignit pas de faire la guerre à l'anarchie et se fit remarquer dans les clubs par sa vigueur et son esprit de conservation. Le grand parti de l'ordre qui commençait à se former s'habitua dès lors à le considérer comme un de ses chefs. D'accord avec MM. Molé, Thiers et de Montalembert, M. de Ratapoil fonda la Société de la rue de Poitiers où il acquit une légitime influence. Enfin, quand les meilleurs esprits s'égaraient à la recherche d'un candidat à la présidence, lui seul eut le sentiment de la situation et montra le prince Louis-Napoléon comme l'Homme unique et nécessaire.

Il prit alors la direction de cette vaste propagande qui couvrit le pays de ses agents et réveilla la foi napoléonienne. Son centre d'opérations était à Paris chez un marchand de vin d'où son regard se promenait sur toute la France. Si, sur quelque point du territoire, la cause semblait faiblir, il y courait, ramenait les égarés, échauffait les tièdes et reconfortait tout le monde. Les combinaisons les plus ingénieuses sortaient incessament de son cerveau. Ce fut lui qui inventa le général Piat. On peut dire que l'immense succès du 10 décembre fut en partie son ouvrage. Le prince-président, juste appréciateur du vrai mérite, le reconnut si bien qu'il attacha, M. de Ratapoil à son Conseil intime et le nomma chevalier de la Légion-d'Honneur. M. de Ratapoil reçut en outre quelques fonds dont il fit le meilleur usage : il eut des bottes. Ses idées s'élevèrent. Il conçut le projet d'une Société destinée à propager l'amour du saint nom de Napoléon, à suivre le prince dans ses revues, ses promenades et ses voyages, et à faire autour de lui l'*enthousiasme impossible à décrire*. Ses relations, avec tout ce qu'il y avait de mieux dans Paris, lui permirent de choisir un personnel qu'on eût difficilement trouvé ailleurs. Cette société, placée sous l'invocation du Dix Décembre, si célèbre et si calomniée, rendit les plus grands services et tira des griffes du socialisme le peuple et l'armée. Les mauvaises doctrines avaient en effet perdu l'armée. Les soldats affectaient de ne plus se distinguer des autres citoyens et commençaient à raisonner sur leur obéissance. Ils lisaient les journaux et votaient avec l'anarchie.

Ce désordre effrayait les honnêtes gens et menaçait les projets du prince-président d'un complet avortement. Il fallait y mettre fin. M. de Ratapoil en accepta l'entreprise et débuta par une mesure qui révélait une connaissance profonde du cœur humain : les banquets de Satory. Encouragé par le succès de cette expérience, il résolut d'en faire un moyen régulier et permanent de perfectionnement militaire. Les distributions de vin dans les casernes, les spectacles gratuits, l'amélioration de *l'ordinaire,* commencèrent à ramener les troupes au sentiment de leurs devoirs ; la société du Dix Décembre fit le reste. Elle se répandit dans les cabarets qui sont, comme chacun le sait, les cabinets de lecture de l'armée, se mêla aux soldats, acquit leur confiance en leur payant à boire, et put ainsi leur faire goûter le mérite de la dsicipline et le charme de l'obéissance passive. Elle fut aidée, dans cette partie de son œuvre, par un petit livret semé à foison dans les casernes, où les principes de la plus pure doctrine militaire étaient exposés et mis à la portée du soldat avec une rare précision ainsi qu'on peut s'en convaincre par les extraits suivants :

« L'armée est la première Autorité d'un

» pays. Les citoyens passeraient leur vie
» à s'égorger entr'eux, si cinq cent mille
» hommes, exercés, habillés et disciplinés
» n'étaient là, prêts à les fusiller au moin-
» dre de leurs mouvements. C'est là leur
» rôle : rôle de paix et de conservation.
» Aussi le soldat doit en être très-fier et
» comprendre toute la distance qui le
» sépare du reste des hommes.

» L'Étude. l'Intelligence, le Raisonne-
» ment, l'Esprit, les Lois, la Justice, les
» Chartes, les Constitutions, la Politique,
» la Morale sont des choses bourgeoises,
» faites pour le bourgeois et non pour le
» Soldat. Sa Conscience à lui, sa Justice et
» sa Loi c'est son caporal; son Esprit c'est
» la pointe de son sabre; sa Morale et sa
» Charte, c'est de tenir son fourniment en
» ordre, d'astiquer ses armes, de blanchir
» ses buffleteries et, quand il en a reçu
» l'ordre, de tuer les gens quels qu'ils
» soient, à l'aide, soit du fusil, soit de la
» baïonnette, soit du canon, soit de tout
» autre engin autorisé, à cet effet, par le
» gouvernement.

» Moyennant quoi, le soldat est un
» Héros et peut, s'il sait lire et écrire,

» devenir un jour Maréchal de France. En
» attendant, il a droit aux distributions de
» vin, de croix, de médailles et de saucis-
» sons, ainsi qu'à l'éternelle reconnais-
» sance de sa patrie. »

Cet Évangile et ses commentaires furent accueillis avec une ferveur croissante. Les conférences se multiplièrent. Les cabarets de Paris et de la banlieue devinrent des écoles de discipline où l'armée entière accourut pour se convertir et pour s'édifier. Les rares soldats qui s'obstinèrent dans l'indiscipline et la perversité furent envoyés en Afrique, où les fatigues, la fièvre et les Arabes ne tardèrent point à les ramener à la raison.

La société de St-Vincent de Paul concourut à cette heureuse révolution ; elle l'étendit même aux faubourgs St Antoine et St Marceau. Elle y fit de précieuses conquêtes parmi les classes laborieuses, ainsi qu'on le vit bien plus tard.

VII.

Le moment d'utiliser ces bonnes dispositions paraissait venu. La société, déjà sauvée au 10 décembre 1848, comprenait la nécessité de l'être une seconde fois. Mais avant de fixer l'heure de cette grande résosution, le prince-président voulut avoir la pensée de M. de Ratapoil sur la valeur des forces dont il pourrait disposer pour l'action et sur les moyens les plus propres à en assurer le succès, M. de Ratapoil répondit à cette marque de confiance par un rapport qui restera comme le monument politique le plus précieux de notre époque et qu'une Illustre Bienveillance nous autorise à publier ici pour la première fois.

RAPPORT.

PRINCE,

« Conformément à vos ordres, je me suis enquis des forces dont vous pouviez disposer pour l'exécution de vos projets, du degré de concours que l'on devait attendre de chacune d'elles, des moyens d'imprimer à ce concours l'impulsion la plus énergique et la plus décisive et, je suis heureux, de déclarer à Votre Altesse que cette enquête a réalisé et même dépassé toutes mes espérances.

» L'armée est digne de servir vos desseins. Je n'ai trouvé en elle qu'un dévouement absolu à votre Personne, que l'amour le plus vrai de la discipline joint à la volonté d'exécuter passivement tout ce qu'il vous plaira de lui commander.

» Les cuirassiers et les carabiniers qui sont, comme Votre Altesse ne l'ignore pas, les hommes les plus grands de son armée, sont au premier rang par leur zèle, comme ils y sont par leur taille.

» L'infanterie s'empressera de les imiter. C'est à tort qu'on avait mis en doute l'inaltérable fidélité des sous-officiers à Votre Personne. Ils ne demandent que l'occasion de démentir cette calomnie, et ils osent espérer que Votre Altesse ne les oubliera pas dans la prochaine promotion.

» Les corps savants, Artillerie et Génie, contiennent quelques ferments d'idéologie, mais purement théoriques. Ils suivront le mouvement.

» Les généraux sont dignes de leurs soldats. J'ai distingué surtout MM. Saint-Arnaud, Magnan, Canrobert, Carlier, Forey, De Cotte, Ferey et Reybel qui m'ont paru capables de tout ce que Votre Altesse pourrait leur demander.

» J'ai l'honneur de recommander à toute votre bienveillance, les colonels de Lourmel, de Rochefort, de Goyon, de Garderens, Martinprey et particulièrement Espinasse. L'ambition de ne pas rester au-dessous de monsieur son frère, actuellement employé au bagne de Toulon, section des travaux forcés, appelle le colonel Espinasse à rendre les services les plus *marqués* (6).

» Dans l'ordre civil, Prince, vos fidèles de la Société du Dix Décembre sont à vous, comme moi-même, à la vie et à la mort.

» Le concours des sergents de ville et des agents de police vous est également acquis. Ils sont attachés à Votre Altesse par la reconnaissance autant que par le devoir. Ils savent ce qu'ils vous doivent et ce qu'ils peuvent espérer de vous.

» Persuadé qu'il serait utile d'éclairer l'opinion, de rassurer les gens timorés, et de déjouer les calculs de la malveillance en présentant l'événement qui doit s'accomplir sous son véritable jour, j'ai voulu m'assurer du concours des principaux organes de la presse parisienne. Malgré ma répugnance pour ces sortes de gens, j'ai vu les rédacteurs de la *Patrie*, du *Constitutionnel* et de l'*Univers*, et je me suis entendu avec eux. C'est, je ne puis le dissimuler à Votre Altesse, de la franche canaille ; mais, pour quelques écus, elle écrira ce que nous lui commanderons d'écrire.

» Telles sont les forces dont vous pouvez disposer pour le salut de la France. Mais si Votre Altesse a le droit de compter sur leur dévouement, elle ne doit rien négliger pour en augmenter l'effet et lui donner une impulsion formidable.

» Il serait fâcheux, notamment, que l'armée sauvât la société comme elle exécuterait un feu de peloton, froidement, passivement, par obéissance. Une œuvre comme celle-là doit être accomplie avec amour, enthousiasme et même avec un peu de fureur.

» Vous obtiendrez facilement ce résultat en honorant vos fidèles soldats d'une de ces largesses qui rendent tout service facile et dont Votre Altesse a déjà fait de si heureuses applications ; largesse mesurée, sans doute, mais empreinte de cette grandeur épique qui caractérise toutes les mesures que Votre Altesse daigne décider elle-même.

» Les officiers et les généraux devront y prendre une part proportionnée à leur grade. Les oublier serait faire injure à leur caractère et méconnaître leur juste fierté.

» Je crois qu'une somme de vingt-cinq millions, affectée à cette destination, suffirait à produire toutes les nuances d'enthousiasme que le service de Votre Altesse peut rendre nécessaires.

» Elle serait répartie de la manière suivante :

SERVICE DE L'ARMÉE.

FRAIS D'ENTHOUSIASME.

Infanterie et Cavalerie légère.

Pour cinq jours d'enthousiasme, à raison de 2 francs par jour et par homme.

Pour 40,000 h^s, soit fr. 400,000 »

Grosse Cavalerie.

Les Dragons, les Cuirassiers et les Carabiniers,

étant, comme j'ai déjà eu l'honneur de le faire remarquer à Son Altesse, les hommes les plus grands de son armée, ont naturellement besoin d'un donatif plus énergique pour être conduits au degré d'enthousiasme qu'on se propose d'atteindre. Il m'a donc paru juste de porter à 3 francs par jour et par homme le chiffre de leur gratification.

Pour 5,000 h^s, soit fr. 75,000 »

Chevaux.

Les chevaux me semblent avoir des droits à l'intérêt de Votre Altesse, qui s'est toujours montrée bonne avec les bêtes. Participant aux périls et aux fatigues de l'action, il est juste qu'ils en aient les bénéfices. Le bien du service exige enfin que la bonne harmonie règne entre le cheval et son cavalier, et que l'enthousiasme de l'un ne soit pas annulé par la froideur de l'autre. En conséquence, je n'hésite pas à proposer d'élever de 50 c^s. par jour le taux de la ration d'avoine du cheval.

Soit, pour l'enthousiasme de 10,000 Chevaux fr. 25,000 »

Artillerie et Génie.

A cause du rang que ces corps occupent dans l'armée, on ne peut honorer chaque homme de moins de 3 francs par jour.

Soit, pour 3,000 hommes 45,000 »

État-major.

1,500 officiers à raison de 10 francs par jour, soit fr. 75,000 »

50 colonels et lieute-

nants-colonels à raison de 20 francs par jour, soit fr. 10,000 »

10 généraux à raison de 50 francs, soit fr. 2,500 »

Aux généraux Saint-Arnaud, Magnan, Forey, Canrobert, Ferey, Reybel, Carrelet, etc.; aux officiers supérieurs : Espinasse, Rochefort, Lourmel, Fleury, Martimprey etc., pour services extraordinaires :
Soit fr. 1,500,000 »

SERVICES CIVILS.

Sergents de ville, Agents de Police, etc.

On ne saurait trop encourager ces hommes si utiles et si souvent méconnus. Ils sont à la société civile, ce que les corps savants, génie et artillerie, sont à l'armée. Je n'hésite pas à coter leurs services au même taux.

A 3 francs par jour et par homme, pour 5,000 hommes, soit fr. 75,000 »

SERVICE DE PLUME.

Journalistes, etc.

Pour éclairer l'opinion :

A Cassagnac, fr. 50 »
A Veuillot, 50 »
A Cucheval, 50 »

A titre d'encouragement :

Au jeune Cauvain, fr. 25 »
A Cohen, 25 »
A Céséna, 25 »

Lagueronnière préfère la Croix. Cet homme m'a paru bête.

A Lagueronnière soit Croix 00 »
Au nommé Mauduit, ancien capitaine qui écrivaille et qui s'offre. fr. 25 »

C'est une belle âme qui marche sur des bottes éculées et prie dans la chapelle de Veuillot.

SERVICE MATÉRIEL.

Vins, liqueurs, charcuteries, etc.

Soit fr. 1,000,000 »

Votre Altesse comprend toute l'importance de ce chapitre.

Société du Dix Décembre.

La Société du Dix Décembre est destinée à représenter l'enthousiasme du peuple dans le grand événement. Distribuée dans Paris elle acclamera les proclamations, sifflera l'émeute, si elle ose se produire, et saluera l'armée des *vivats* les plus retentissants.

Les plus intelligents se confondront avec les bourgeois, et devront avoir l'air d'honnêtes gens. On leur délivrera un costume conforme à ce caractère. Ils resteront sous la direction spéciale des généraux Husson et Piat, qui ont les mines les moins mauvaises de la bande.

Le service de ces fidèles devant en outre consister à boire et à faire boire un nombre infini de petits verres à la santé de Votre Altesse, ce qui sera bien glorieux pour Elle, on aura soin de garnir honnêtement leur gousset.

A 10 francs par jour et par homme pour 7,000 h[s].

Soit fr.	350,000	»

Pour habiller mille d'entr'eux en honnêtes gens.

Pour habit, redingote ou

Paletot, fr.	30	»
Chapeau,	5	»
Bottes,	10	»
Pantalon,	8	»
Gants,	1	45
Col de chemise,	»	30
Barbe fraîche,	»	25
TOTAL. FR.	55	»
Pour 1,000 hommes. Soit.	55,000	»

Imprévu, dévouements récalcitrants, hésitations de la dernière heure.

	Soit fr.	1,000,000 »
TOTAL GÉNÉRAL.		4,612,750 »
Pour faire un chiffre rond		5,000,000 »

Poire pour la soif de Son Altesse et celle de ses serviteurs, en cas de malheur.

	Soit fr.	20,000,000 »
TOTAL.		25,000,000 »

» J'avais songé à m'assurer de Dieu et de la Justice, et je me proposais de leur consacrer deux cent mille francs; mais j'ai réfléchi qu'ils nous seraient inutiles durant l'action, et, qu'après la victoire, nous les aurions pour rien. On peut donc en faire l'économie.

» J'ai l'honneur, Prince, de mettre à vos pieds, etc., etc.

(*Signé*) DE RATAPOIL.

Ce rapport parut, au Prince-Président,

ce qu'il était réellement, un chef-d'œuvre de prévoyance et de haute politique ; mais la conclusion l'effraya : *vingt cinq millions* ! où prendre vingt-cinq millions?

La maladie que Panurge appelait *Faulte d'Argent*, et qu'on nomme aujourd'hui *Pas le Sou*, désolait depuis longtemps la caisse de la Présidence. La conversion de l'armée avait coûté beaucoup ; on ne moralise pas cinquante mille hommes avec une bagatelle. L'Assemblée lésinait. La Loterie des Lingots d'Or, la Banque Fould, la Caisse des Dépôts et Consignations, la Caisse d'Épargne, les Économies de M. Fleury, tout était consommé, épuisé, dévoré ! Le Crédit était mort et les Notes devenaient menaçantes ! ! !

Ainsi le moyen d'action allait manquer la veille de l'action, et le navire s'abîmer à deux pas du rivage. Vainement le prince-Président, rongé de soucis, multipliait les conseils, pressait, secouait, surexcitait les imaginations de ses amis. Ces têtes si actives, si pleines à l'ordinaire de ressources et d'inventions semblaient éteintes et ne rendaient que le néant. Dans cette extrémité on s'ouvrit à M. de Ratapoil. Il ne se mêlait de finances, qu'à la fin du mois, pour toucher son appointement. Il ignorait donc les embarras de la situation. Mais nourri dans les principes de l'Empire, habitué aux mesures nettes et expéditives de cette grande époque, il fut à la fois surpris et indigné de trouver les conseillers du Prince embarrassés pour si peu de chose : « Quoi ! s'écria-t-il, en haussant les » épaules, il existe à Paris, — rue Neuve » des Petits-Champs, — un palais qu'on » nomme la Banque de France, gardé par » vos soldats, bourré jusqu'à la gorge de » plus de cinq cents millions, lingots, » espèces, or et argent, le salut de vingt » sociétés ! Vous avez soixante mille » hommes, des canons, une Caisse vide, à » deux pas d'elle, une Californie pour la » remplir ! Et vous vous inquiétez et vous » cherchez ! »

A cette solution si simple et si décisive, un cri d'enthousiasme répondit. On se leva, on saisit M. de Ratapoil, on se le passa de bras en bras, on le couvrit de pleurs et d'embrassements. Ce fut une scène unique et que toute parole serait impuissante à reproduire.

A onze heures du soir, le lendemain, M. de Ratapoil suivi de deux compagnies du 42me, commandées par le colonel Espinasse, marcha sur la Banque de France. Il s'en fit ouvrir les caves le pistolet au poing, et y prit vingt-cinq millions.

Dès lors tout courut au dénoûment. Le jour de l'action fut arrêté. On se distribua les rôles. M. de Ratapoil prit la direction des vivres et boissons, capitale en un jour de bataille. Trois mille pièces d'alcool et de vin, deux cent mille bouteilles de Champagne-Jacquesson (pour la bouche de messieurs les officiers), soixante mille saucissons, jambons, langues fourrées et autres aliments qui font boire, furent par ses soins réunis et déposés sur les points présumés de l'action. Enfin le Deux Décembre, à une heure du matin, les opérations commencèrent : on se partagea l'argent. Cela se fit dignement et loyalement, comme il convenait à des gens de guerre. Magnan qui avait de la famille, eut une hors part.

A trois heures, les soldats saisirent au lit les fauteurs de l'anarchie, Changarnier,

Bedeau, Charras, Lamoricière, Cavaignac, Leflô, Baze, etc. L'Assemblée, l'Hôtel-de-Ville, les Boulevards, les Tuileries furent occupés, les proclamations affichées et la France fut appelée à sa délivrance. En se réveillant, Paris, ignorant qu'on le sauvait, parut hébété. Les boutiques se fermèrent, quelques factieux commencèrent à élever des barricades et la foule égarée se porta sur les boulevards. L'armée y campait; engourdie encore, ayant l'estomac vide et les pieds dans la boue, elle semblait hésiter. M. de Ratapoil sentit le péril et donna le signal. Aussitôt, des centaines de fourgons semèrent sur toute la ligne, le vin, l'eau-de-vie et les jambons. Les conscienees furent à l'instant rassurées ; chaque soldat vit son devoir et le fit. Canons et fusils partirent d'eux-mêmes, et deux heures durant, couvrirent de projectiles les bandes d'insurgés qui se promenaient, avec leurs femmes et leurs enfants, sur les boulevards. Cinq mille de ces factieux restèrent sur le carreau; les autres disparurent. Jamais pareil triomphe n'avait honoré les armes françaises. La société était sauvée!

VIII

Personne n'avait plus contribué que M. de Ratapoil au succès de la journée; aussi, quand il parut à l'Élysée, le prince-président, quittant un groupe de magistrats qui le félicitaient d'avoir sauvé le Droit et la Loi, s'avança vers lui et le serrant dans ses bras : « Voilà, dit-il, le véritable sauveur. » — « Après vous, Sire, reprit hardiment M. de Ratapoil. » Ce mot *sire* était à la fois un conseil et une prophétie. Le prince sourit et, selon l'habitude de son oncle, tirant doucement l'oreille de son interlocuteur : « Patience, » lui dit-il.

Cette reconnaissance publique de ses services plaçait M. de Ratapoil dans un état à prétendre à tout.

M. de Persigny, si grand d'ailleurs, eut la faiblesse de s'en inquiéter. Il fit courir le bruit que M. de Ratapoil acceptait la direction des Beaux-Arts, place évidemment inférieure à l'éclat de ses services, espérant ainsi amoindrir un homme en qui déjà il voyait un rival. Cette perfidie eut un succès bien différent de celui qu'en attendait son auteur. Prise au sérieux dans le monde des beaux-Arts, elle fut pour M. de Ratapoil l'occasion d'un triomphe aussi neuf que flatteur.

M. Philoxène Boyer écrivit aussitôt, en l'honneur du prétendu directeur, une cantate que vingt compositeurs se disputèrent la gloire de mettre en musique. M. Méry improvisa une comédie héroïque : *Jean le Brave*. M. Arsène Houssaye mit ses culottes, son épée, son habit de gala et, suivi de tous les cabotins et de toutes les cabotines de l'illustre compagnie vint, un chandelier dans chaque main, s'incliner devant M. de Ratapoil qui le laissa faire. La Société des gens de lettres lui députa *Jacquot* dit *de Mirecourt* et *Cucheval* dit *de Clarigny;* Jacquot parla peu, Cucheval parla mal. Tous les peintres et tous les sculpteurs, tous les graveurs et tous les dessinateurs, tous les architectes et tous les académiciens de toutes les académies conduits par M. Alfred Arago, ce grand peintre, sollicitèrent l'honneur de reproduire, en marbre, en peinture, en bronze, au trait et à la plume, la face glorieuse de monsieur le directeur.

M. de Ratapoil aimait les arts; il était artiste lui-même, ayant été marchand de contre-marques; il accueillit donc ces messieurs avec affabilité, les fit boire et manger, leur donna la pièce et les renvoya contents, après qu'ils eurent obtenu la faveur de lui baiser la main. Enfin, voulant mettre un terme aux suites de cette petite conspiration dont le but ne lui avait point échappé, il chercha parmi ses amis l'étoffe d'un directeur et trouva Romieu. M. Romieu avait assez mal vécu des Ateliers nationaux : il avait besoin de se refaire au régime de l'Empire; il eut la place et M. de Persigny la honte d'avoir essayé d'abaisser un homme dont le désintéressement fit bientôt éclat.

M. de Ratapoil, en effet, n'avait d'autre ambition que de rester au poste de confiance où son maître l'avait placé et de prendre part aux grandes affaires, sans titre officiel, comme par le passé. Vainement on lui offrit le Ministère d'État, la Préfecture de Police, et même de rentrer dans l'armée avec le grade de général de division et la promesse du premier bâton ; il consentit seulement à accepter un siége de trente mille francs au Sénat, à côté de son ami, l'illustre et vertueux Vieillard.

Néanmoins, son expérience des hommes et des affaires, le rendant encore indispensable,il dut, jusqu'à l'établissement de l'Empire, prêter le concours le plus actif au gouvernement.

Il fut le restaurateur principal de cette admirable police que tous les peuples nous envient, et à laquelle l'État et la Société doivent leur sécurité. Il sut l'entourer de tant d'éclat et de considération que les esprits les plus judicieux de l'armée, de la magistrature, du clergé, du peuple et de la bourgeoisie recherchèrent avidement l'honneur de servir leurs pays dans cette carrière ouverte à l'activité des honnêtes gens. Le concours fut général : les grands dignitaires, les sénateurs, les conseillers d'État, les membres du Corps Législatif, les hauts magistrats, après s'être offerts eux-mêmes, offrirent encore leurs femmes et leurs enfants. Mgr Sibour présenta ses vicaires, et M. Mocquart son fils, le notaire, jeune homme de la plus belle espérance. M. de Ratapoil accepta tous les dévoûments, et, ne voulant en laisser aucun sans emploi, il créa, pour l'oreille privée du Prince, une seconde police, uniquement composée de jeunes gens. Il savait que les gouvernements vraiment grands honorent et employent la jeunesse. Sous la Convention, les jeunes gens menaient nos armées à l'ennemi; sous l'Empire, ils administraient les provinces conquises; sous le gouvernement d'ordre et de conservation sociale de Louis-Napoléon, ils doivent naturellement faire la police. Chaque époque et chaque génération ont leur génie et leur gloire.

M. de Ratapoil recomposa le personnel administratif et préfectoral sur des bases et d'après des principes entièrement nouveaux. Il avait remarqué que les fonctionnaires honnêtes ou ceux qu'on nomme tels, sont, en général, mous, timorés, plus propres à affaiblir un gouvernement qu'à le fortifier; qu'au contraire, les hommes compromis avec le Code pénal et le Commandement de Dieu : « *tu ne déroberas point,* » sont pleins de ressources, d'énergie et d'invention. Il pensa donc qu'un gouvernement assez hardi pour les employer trouverait, en eux, des fonctionnaires d'autant plus sûrs que leur vie et leur fortune seraient attachées à la fortune et à l'existence du gouvernement lui-même. Une seule chose paraissait à craindre : c'est que ces hommes ne missent l'autorité qui leur serait confiée au service unique de leurs intérêts, et ne fussent ainsi, pour le pouvoir, des causes de scandale et de déconsidération. Mais, M. de Ratapoil comprit, avec une rare sagacité, que les égarements de la plupart de ces hommes tenaient à la richesse de leurs facultés plus qu'à une nature essentiellement vicieuse, et, qu'en leur donnant assez pour qu'ils ne fussent pas tentés de voler, on obtiendrait d'eux les services les plus solides, en même temps qu'on rendrait à la société des intelligences faites pour les affaires et le gouvernement. Il fit l'essai et s'en trouva bien. Ses amis, ceux de MM. de Morny et de Persigny formaient une pépinière composée des plus beaux sujets, où il n'eut que l'embarras du choix. C'est de là qu'est sorti M. Hausmann, le préfet de la Seine (8).

Enfin, M. de Ratapoil prit une part active à la séparation des bons et des méchants, commandée par l'intérêt social. Il fit déporter à Cayenne son tailleur et son bottier; à Lambessa, son propriétaire et son marchand de vins, démagogues dangereux et criards. Il liquida de la même manière les comptes particuliers et généraux de la Société du Dix Décembre. Enfin, il dirigea les diverses élections, et, l'heure venue, conduisit doucement sur les ailes du suffrage universel, la République à l'Empire.

Jugeant alors sa mission terminée, il réunit en un banquet fraternel, au Château des Fleurs, ses collègues de la Société du Dix Décembre et prit congé d'eux au dessert en termes qui rappelèrent à plus d'un brave ému les immortels adieux de Fontainebleau.

Depuis lors, il se crut autorisé à vivre un peu pour lui-même. L'Empereur l'avait contraint d'accepter le titre de baron, une indemnité d'un demi-million, outre une dotation de vingt-cinq mille francs de rente sur les biens des d'Orléans. Ces revenus joints à ceux de sa place l'arrachaient aux premiers besoins, mais ne lui permettaient pas de soutenir honorablement la dignité de son nom. Il s'intéressa donc aux entreprises industrielles inspirées par le génie de l'Empereur pour assurer la prospérité de la France et démocratiser l'argent. Il fut du crédit foncier et du mobilier, des docks et des cités ouvrières, des chemins de fer et des divers emprunts. En bons termes avec le télégraphe, il sut en travaillant au bonheur des autres, faire le sien propre et réaliser en quelques mois sept à huit millions.

Cette fortune ne l'éblouit pas ; il la considéra comme un dépôt que la Providence mettait entre ses mains.

Il acheta donc un hôtel qu'il meubla magnifiquement, il eut les plus beaux chevaux de Paris, une armée de laquais très-bien galonnés, une table royalement servie en un mot, il concentra chez lui toutes les jouissances que peut donner la richesse, bien convaincu par là qu'il protégeait le travail national et soulageait l'infortune sans l'humilier.

IX.

Aujourd'hui, M. de Ratapoil est apprécié, dans le monde entier, comme il mérite de l'être. Les souverains le comblent chaque jour des marques de distinction les plus flatteuses, et leurs ambassadeurs lui font une cour assidue. Tous les matins, le *Constitutionnel*, le *Moniteur* et le *Pays* donnent le bulletin de ses démarches et de ses paroles, de ses dîners et de ses digestions, de ses selles et de ses urines et, de tout cela, tirent les inductions politiques qu'il est naturel d'en tirer. Deux fois par semaine, l'*Indépendance belge* lui consacre vingt lignes d'estime et d'admiration, première qualité, et pourtant à prix réduit. M. de Ratapoil n'en est pas plus fier et jouit modestement de sa gloire et de sa fortune dans le commerce du monde et des plus illustres amitiés. L'intimité la plus douce l'unissait au grand maréchal Saint-Arnaud, duc du Glandor (9). Saint-Arnaud persécuté jouait les amoureux, sous le nom de Florival, à Bobino, au temps où M. de Ratapoil y vendait des contre-marques. C'est là que ces deux belles âmes s'étaient connues et appréciées !... *Arcades ambo*...

Les salons de M. Ratapoil s'ouvrent tous les jeudis aux illustrations de la France et de l'étranger. Les deux noblesses y sont représentées par leurs plus grands noms,

Vieille noblesse : le marquis de Laroche-jacquelin, le vicomte de Pastoret, le comte de Goyon, le duc de la Bouillotte, le Vidame de Panier Percé, le chevalier Réné d'Industrie, tous les trois issus de la grande maison des Grecs. Noblesse d'Empire : le maréchal Magnan, prince de La Lettre de Change, baron de Cinq Cent Francs ([10]), Biquaubœuf, comte de Krakeleff, le colonel Bonbougre, le baron Maquereau, le duc Butord de la Butorderie, le comte Truand, sénateur, le général Cocquenbourg, le vicomte Fialin de Persigny, Fleury, marquis de Clichy, etc. ; Éloa, baronne de Vormspire, la maréchale Barbanson, qui paie l'eau-de-vie aux sous-officiers de la garnison, la princesse Pissevache, née Bonaparte, etc., etc.

Outre un grand nombre de personnages moins célèbres, on y rencontre habituellement les Sibour, les Troplong, les Abatucci, les Billaut, les Canrobert, les Espinasse, les Émille de Girardin, les Cassagnac, les Proudhon, les Fortoul, les Leverrier, les Sainte-Beuve, les Méry, les Giraudeau de Saint-Gervais, les Ravignan, les docteur Albert, les Mérimée, les Suin, les Mirès, les Véron, les Delangle, etc. ; en un mot, tous les hommes éminents du règne.

M. Dupin a vainement sollicité l'honneur d'être reçu parmi eux. M. de Ratapoil s'est montré inflexible. Il est, comme M. Louis Veuillot, de l'École du Respect, et ne veut admettre, chez lui, que le mérite accompagné d'une vertu prouvée. Le même esprit de convenance sévère dirige la protection éclairée qu'il accorde aux artistes et aux gens de lettres. Ses générosités ne vont chercher que l'homme qui les a méritées par des œuvres empreintes du respect de la Religion et de l'Autorité. C'est à ce titre, qu'il octroie à MM. Philoxène Boyer et Laguéronnière l'honneur de dîner, le dimanche, avec son valet de chambre, et qu'il permet aux artistes malheureux et bien pensants de prendre leur part des soupes économiques que, deux fois par semaine, il fait distribuer à ses anciens collègues de la Société du Dix Décembre. Le Corps de Ballet et les écuyers du Cirque-Napoléon lui doivent également beaucoup. Mais pour être juste, il faut reconnaître qu'artistes, poëtes et comédiens répondent de leur mieux à la bienveillance dont

M. de Ratapoil veut bien les honorer. C'est à lui que M. Belmontet a dédié cette bagatelle (échantillon charmant de la poésie impériale),qui semble éclose sur les lèvres d'Anacréon, et dont le refrain à mis toute la France en belle humeur :

« Dans la gendarmerie
» Quand un gendarme rit,
» Tous les gendarmes rient
» Dans la gendarmerie.
» Larilla, etc. etc. »

Mais le monde, les .arts et la politique ne font pas oublier à M. de Ratapoil ses devoirs d'homme de cour. Il se montre à tous les galas, aux Tuileries, à Compiègne, à Fontainebleau ; il y déploie un goût, des agréments, une galanterie et une jeunesse d'esprit qui ont fait dire de lui qu'il était le dernier des grands seigneurs. C'est à ce titre qu'on lui confia la délicate mission de composer la maison de l'Impératrice. Il sut déjouer, avec habileté, les mauvais vouloirs de certaines coteries en jupon et donner à l'Impératrice un personnel digne d'Elle et digne du trône. En attirant à la Cour, comme dames d'honneur et de suite, Mlles de Saint-Ange, de Saint-Victor, de Saint-Aubin et la marquise Lolotte, charmantes femmes, issues, toutes les quatre, des maisons les meilleures de Paris, et dont les rares perfections n'étaient un secret pour personne. Elles apportèrent aux Tuileries un ton, des manières et un langage auxquels les cours les plus illustres du monde n'eurent jamais rien à comparer : si bien, qu'interrogé par la Princesse Mathilde sur ce qu'on pensait à Paris de la nouvelle Cour, l'abbé Coquereau put répondre à Son Altesse, dans ce langage mystique qui sied à un homme d'église : « Ma foi, Princesse, on dit que c'est un B..... (11) ! »

Sa Majesté l'Impératrice, qui se connaît en hommes, honore M. de Ratapoil d'une bienveillance marquée. Au dernier bal des Tuileries, *Elle* voulut danser avec lui et, remarquant qu'il semblait souffrant : « Reposez-vous, M. le baron, » lui dit-elle, « vous êtes fatigué. » — « Madame, » reprit galamment le vieux guerrier, « Madame, on ne se fatigue jamais au service de Votre Majesté ! »

Ce mot si délicat a été reproduit par les journaux avec des altérations malheureuses qui ont motivé de justes avertissements, et prouvé, une fois de plus, combien la Presse, même bien intentionnée, est inutile, pour ne pas dire dangereuse. Le *Moniteur* seul en a donné la véritable version.

L'Empereur continue d'être, pour M. Ratapoil, un ami plutôt qu'un maître. Il veut l'avoir sans cesse auprès de lui, surtout à ses petits dîners de Saint-Cloud, où, dépouillant sa grandeur, il aime à se distraire des fatigues du pouvoir. La familiarité la plus aimable règne dans ces réunions qui rappellent, par l'esprit des convives, aussi bien que par le charme de leurs libres entretiens, les soirées de Postdam. L'Empereur ne souffre pas alors qu'on l'appelle autrement que par son nom populaire de Badinguet, qui lui est cher, comme celui de Petit Caporal l'était à son oncle. M. de Ratapoil se montre là, comme partout, d'un éclat et d'une verve intarissable. Mais ce qu'on admire particulièrement en lui, c'est la facilité avec laquelle il boit, sans en être ému, des quantités incroyables de rhum. Sa Majesté qui passe, avec raison, pour avoir en ce genre, comme en tant d'autres, un mérite qui souffre peu de rivaux, disait gaiement, à la suite d'un combat malheureux, qu'elle renonçait désormais à la prétention de vaincre un aussi rude champion : « Ce n'est pas un homme, ajoutait-elle plaisamment, c'est un alambic. »

X

Ces distractions délicates n'ôtent rien aux affaires du temps qui leur est dû ; cependant, la Guerre d'Orient les a rendues plus rares. Elle fut un nouveau printemps dans la vie de M. de Ratapoil. Il jugea qu'après avoir sauvé la France des Barbares de l'intérieur, il appartenait à Louis-Napoléon de donner de nouveaux gages à la Liberté et à la Civilisation en sauvant l'Europe des Barbares du Nord. La guerre lui parut en outre une occasion naturelle de renouveler l'esprit de l'armée d'Afrique, composée de soldats démagogues et d'officiers orléanistes, et de faire d'elle en Orient, ce que Napoléon Ier avait fait de l'armée du Rhin à Saint-Domingue ; car, disait-il, puisque c'est une des nécessités de la guerre que beaucoup d'hommes soient tués, pour la gloire de leur pays, il est plus conforme à la politique de sacrifier ses ennemis que ses amis. La suite prouva que M. de Ratapoil avait sainement apprécié les choses ; car, le choléra, la dyssenterie, le général Espinasse et les marais de la Dobrutska eurent bientôt dévoré cette armée et supprimé, sans bruit, un des grands embarras du règne.

Les dépenses de cette guerre n'inspirèrent aucune crainte à M. de Ratapoil. Il connaissait les ressources de la France et ce qu'on pouvait espérer de son patriotisme. Sa maxime favorite était, d'ailleurs, que plus une nation a de dettes, plus elle est riche, et, que plus un gouvernement a de créanciers, plus il a d'amis. Il s'efforça donc d'en grossir le nombre et fut l'un des instigateurs les plus ardents des emprunts de 250 et de 500 millions. Mais il ne put jamais comprendre que, lors du dernier emprunt, le gouvernement n'acceptât pas entièrement les deux milliards et demi qui lui furent offerts : « C'est faire injure aux gens, dit-il, que de refuser leur argent ; c'est méconnaître *le plus éclatant témoignage de confiance et de dévouement que jamais peuple ait donné à son souverain*, douter de soi-même et de l'avenir et, rentrer dans la routine bourgeoise dont l'Empire jusqu'à ce jour s'est si glorieusement écarté ; enfin c'est manquer une occasion unique d'élever la dette de la France au niveau de celle de l'Angleterre, et de ravir, à celle-ci, la dernière supériorité qui lui soit restée. » Ce désappointement ne ralentit pas un instant le zèle de M. de Ratapoil ; il était de ces hommes qui répondent au mal qu'ils voient faire par le bien qu'ils font.

Il rétablit, au ministère de la guerre, une des meilleurs traditions du premier Empire, celle *des pots de vin;* il en régla la répartition, d'une manière équitable, entre les divers personnages de la maison de l'Empereur.

Il dressa, de concert avec Sa Majesté, les plans de cette immortelle campagne de Crimée, qui restera dans nos annales militaires comme un modèle de prévoyance et d'habileté.

La mort de M. de Saint-Arnaud l'affecta profondément sans le décourager. Il avait deviné la capacité et l'étendue d'esprit du général Canrobert et savait qu'on pouvait lui confier sans crainte les destinées de l'expédition. Il en était si convaincu, qu'il se hâta d'expédier le Tartare, caché depuis six semaines dans son hôtel : illusion héroïque que la providence et des fatalités imprévues n'ont pas voulu ratifier encore, mais qui n'est, après tout, qu'une vérité prématurée.

Les souffrances de nos soldats le trouvent toujours plein de sollicitude et de dévouement; dernièrement encore, apprenant qu'ils manquaient de souliers, il se hâta de leur expédier une caisse de six mille pipes.

Enfin, il obtint de l'Empereur l'ordre de rappel du général prince Jérôme-Napoléon, atteint d'une diarrhée, sur le champ de bataille d'Inkermann. « Un Bonaparte, dit-il à cette occasion, doit mourir ailleurs que sur un pot de chambre. »

Il fut souvent tenté de rejoindre l'armée expéditionnaire et de lui apporter le concours de sa vieille expérience ; mais, il fut toujours retenu par cette pensée, qu'il serait, avec elle, *plus encore absent que présent*, et, qu'à la veille des événements qui se préparent sur le Rhin, il ne pouvait s'éloigner de son Empereur et le priver, au moment décisif, du seul homme de notre époque qui ait fait la grande guerre.

Depuis quelques mois, d'ailleurs, une révolution profonde s'est accomplie dans les idées de cet homme étonnant. M. de Ratapoil a sondé le fond des choses et y a trouvé Dieu. Né dans un temps d'irréligion, entraîné dès sa jeunesse par la guerre et plus tard par tous les courants d'une vie hasardeuse, il n'avait jamais éprouvé le besoin d'une croyance et n'était chrétien ni de nom, ni de fait. Appelé enfin à diriger les intérêts sociaux les plus élevés, il fut frappé de la démoralisation croissante des classes inférieures, de leur esprit d'envie et de cupidité, de ces appels anarchiques toujours écoutés et toujours traduits en révoltes contre l'autorité. Il reconnut que les individus vivant sans autre règle que celle de leurs intérêts et de leurs passions, la société, malgré les efforts des honnêtes gens, n'échapperait à la destruction que par un retour sincère à la Règle, à la Morale, à l'Autorité et, pour tout dire en un mot, à la Religion. Il sentit pareillement que l'initiative de cette conversion appartenait aux classes éclairées, aux hommes éminents, que pour être profitable au peuple, l'exemple devait lui venir d'en haut. Conduit à la religion par le sentiment de la conservation sociale, il y fut bientôt entraîné par son propre cœur. La mort si chrétienne de M. de Saint-Arnaud dissipa ses derniers doutes; la Grâce le toucha. Averti de ces heureuses dispositions, Monseigneur Sibour voulut soutenir lui-même cette âme qui s'éveillait à la Foi et bientôt il eut la gloire de l'amener aux pieds de notre Sauveur soumise et réconciliée.

Le 25 novembre 1854, dans la chapelle des Tuileries, en présence d'une auguste assemblée, M. le baron de Ratapoil a reçu le Saint-Sacrement du Baptême, et, fait sa première Communion. Leurs Majestés Impériales voulurent être ses Parrains. Monseigneur Menjaud officia et prononça le discours. *Une sainte joie remplit tous les cœurs, des larmes de tendresse et de bonheur coulèrent de tous les yeux et l'assistance se sépara dans la plus douce émotion.* M. Louis Veuillot a raconté ce triomphe de la religion dans un article où les magnificences de Bossuet et les grâces chrétiennes de Fénélon semblent s'être, pour la première fois, rencontrées et confondues et qui ne laisse à personne le droit d'en parler après lui.

Aujourd'hui M. de Ratapoil pratique fidèlement tous les devoirs du chrétien : il fait jeûner ses domestiques et met à l'index les fournisseurs et marchands rétifs à la sainte règle du repos du dimanche. Il est même en instance, auprès de l'Empereur, pour obtenir contre eux un décret de bannissement. On espère qu'il réussira.

Le retour de M. de Ratapoil à la vérité religieuse a répandu l'allégresse dans la chrétienté et appelé, sur sa tête, toutes les grâces et toutes les bénédictions de notre Sainte Mère l'Église. Sa Sainteté, *Pio Nono* s'est empressée de lui offrir le brevet de Chanoine honoraire de St-Jean de Latran, distinction qu'elle n'accorde qu'aux plus illustres personnages. Enfin, lorsque la nécessité d'enrichir l'Église du nouveau dogme de l'Immaculée Conception fut reconnue, les évêques de France, voulant avoir l'opinion de M. de Ratapoil sur cette sainte affaire, tinrent, dans son hôtel, une sorte de concile préparatoire. M. de Ratapoil s'y montra fort éloquent et fort compétent, et fit l'admiration des plus vieux théologiens. La conférence fut suivie d'un grand dîner, après lequel l'assemblée se retira pleine d'une émotion qui touchait à l'ivresse. Mr Parisis, surtout, était comme chancelant sous le fardeau de son enthousiasme ; il levait les mains et les yeux vers le Ciel et répétait sans cesse : « Mes frères, mes frères, en vérité, nous venons de dîner avec un Saint ! »

Il est certain que, dans le monde religieux, on est persuadé qu'après sa mort, M. de Ratapoil sera canonisé sous le nom de St- Jean de Ratapoil, pour le distinguer des autres saints du même nom. Plusieurs personnes, entr'autres M. Louis Veuillot, assurent d'ailleurs qu'il fait des miracles et que sa modestie seule empêche qu'ils soient publiés.

Quoiqu'il en soit, l'Alliance publique de M. de Ratapoil avec Dieu est un des grands événements du siècle. Elle indique le retour de la Société dans les voies de la vérité et couronne dignement une noble vie.

Maintenant l'illustre vieillard peut s'écrier comme Siméon :

Nunc dimittis servum tuum, Domine ! »

NOTES.

(1) Historique.

(2) Id.

(3) Id.

(4) id.

(5) Souvenirs de la reine Hortense.

(6) M. Espinasse (Tristan), frère du général Espinasse, a été condamné, il y a dix ans, par la cour d'assises de la Seine, à 20 ans de travaux forcés pour abus de confiance avec récidive. On se propose de lui donner, pour retraite, la préfecture du Var.

(7) Historique.

(8) Tout le monde connaît à Bordeaux l'histoire des deux vases et celle du tombeau. Ce sont les titres spéciaux de M. Hausman à la préfecture de la Seine.

(9) Peu de personnes connaissent la belle action à laquelle M. de Saint-Arnaud doit son titre de duc de Glandor ; aussi nous semble-t-il juste de la restituer à l'histoire. Vers 1825, M. de Saint-Arnaud, alors garde-du-corps, étant de service, un jour de grande réception, derrière le trône, fut frappé de l'éclat et de la grosseur *des glands d'or* qui ornaient les angles du coussin royal et résolut d'en faire la conquête. Dans une âme courageuse l'exécution suit de près la pensée et bientôt le gland d'or passa du coussin dans la poche de monsieur le garde-du-corps. Cet acte de chevalerie eut des spectateurs, peut-être des jaloux, et fut si mal interprété que M. de Saint-Arnaud dut fuir le service de Sa Majesté. C'est à la suite de cette aventure, qu'on le retrouve à Bobino jouant les amoureux

www.ingramcontent.com/pod-product-compliance
Ingram Content Group UK Ltd.
Pitfield, Milton Keynes, MK11 3LW, UK
UKHW020320220726
13923UKWH00003B/1263

9 782019 307042